बायजा बाई के अलावा, म्हाल्सापति भी बाबा के निकट संपर्क में आये। इस दौरान बाबा तीन साल तक लगातार शिरडी में रहे और फिर अचानक जाने कहां ओझल हो गए।

चांद पाटिल, धूपखेड़ा गांव का मुखिया था। वह अपनी घोड़ी पर सवार हो कर किसी काम से औरंगाबाद जा रहा था। रास्ते में एक जगह रुक कर आराम करने लगा। इसी बीच उसकी घोड़ी जाने कहां चली गई। वह उसे दो महीनों तक खोजता रहा पर कोई नतीजा नहीं निकला।

वह अपनी घोड़ी खो जाने के दुख से दुखी होकर गांव लौट ही रहा था। कि उसने आम के पेड़ के नीचे एक फ़क़ीर को बैठे देखा। फ़क़ीर ने उसे बुला कर पूछा- "क्या तुम अपनी घोड़ी को खोज रहे हो? वह तुम्हें मिल जाएगी। जाओ दरिया के पास जाकर देखो।" चांद पाटिल ने ऐसा ही किया।

जब उसने अपनी घोड़ी को वहां बैठा पाया तो उसकी खुशी का ठिकाना न रहा। वह फ़क़ीर के पास वापिस आया और उन्हें धन्यवाद किया। फ़क़ीर ने कहा कि वह उनके साथ बैठ कर चिलम पीए। उस समय बहुत से लोग हुक्का या चिलम पीया करते थे।

चांद को पक्का यकीन हो गया कि फ़क़ीर के पास दिव्य शक्तियां हैं उसने उनसे अपनी घोड़ी के साथ धूपखेड़ा लौटने की इजाज़त मांगी। जाते समय उसने फ़क़ीर से विनती की कि वे भी उसके साथ चलें।

फ़क़ीर साथ चलने को राजी हो गया। तीन दिन बाद वे धूपखेड़ा पहुंचे। चांद और उसके परिवार ने उनका भावभीना स्वागत किया और पूरे भक्तिभाव से सेवा की।

चांद पाटिल के घर में किसी का विवाह था। बारात शिरडी जा रही थी। जब बारात शिरडी के लिए रवाना हुई तो बाबा भी साथ चल दिए।

वे लोग शिरडी पहुंचे और खंडोबा मंदिर के सामने खड़े बरगद के पेड़ के नीचे आराम करने लगे। महाराष्ट्र में भगवान शिव को खंडोबा के लोकदेवता के रूप में पूजा जाता है। जब सभी आराम कर रहे थे तो फ़क़ीर खंडोबा मंदिर की ओर चल दिया।

म्हाल्सापति मंदिर का पुजारी था। वह फ़क़ीर को देखते ही पहचान गया। वह जान गया कि ये तो वही बाबा हैं जो गांव से अचानक कहीं चले गए थे। उसने उनका स्वागत करते हुए कहा-"आओ साई"। तभी से वहां के लोग फ़क़ीर को साई बाबा के नाम से पुकारने लगे। साई का अर्थ है-जगत पिता तथा बाबा का अर्थ होता है पिता समान व्यक्ति। यह घटना 1858 में घटी।

लोग बाबा के जन्म तथा परिवार के बारे में जानना चाहते थे। एक दिन गांव के एक व्यक्ति को दिव्य शक्ति व्याप्त हुई। लोगों ने उससे साई बाबा के बारे में पूछा तो उसने उन्हें नीम के पेड़ के नीचे खोदने को कहा। वे लोग कुदाल और फावड़े ले आए और वहीं खोदने लगे।

बड़ी देर तक खुदाई करने के बाद उन्हें वहां एक चबूतरा बना दिखाई दिया। चबूतरे के चारों कोनों पर चार दीपक जल रहे थे। साईं बाबा वहां आकर बोले-"यह मेरे गुरु जी की समाधि है। इस स्थान को नष्ट मत करो।" लोगों ने उनकी बात का मान रखा। तब से वह स्थान 'गुरु स्थान' के नाम से ही जाना जाता है।

साईंबाबा के पास रहने के लिए कोई स्थायी निवास नहीं था। कभी-कभी वे तकिए में रात बिताते, यह जगह फ़क़ीरों और साधु-संतों के लिए रात का ठिकाना थी। गुरु स्थान के पास ही एक मस्जिद टूटी-फूटी अवस्था में पड़ी थी।

वहां कोई नमाज नहीं पढ़ता था। इसे करीब पचास बरस पहले किसी हिंदू ने बनवाया था। बाबा ने अपने रहने के लिए वही स्थान चुना पर कुछ लोगों को इसमें आपत्ति थी।

कुछ लोग उन्हें हिंदू संत मानते थे और मुसलमानों का मानना था कि वे एक मुस्लिम फ़क़ीर हैं। कुछ लोगों ने उनके मस्जिद में ठहरने पर विरोध किया। बाबा हमेशा धार्मिक सद्‌भाव पर बल देते थे।

बाबा ने मुसलमानों को उस मस्जिद में नमाज अता करने को कहा। वे उस स्थान को मस्जिद के रूप में देखने लगे। जब हिंदू वहां बाबा के कहने से पूजा करने लगे तो वही स्थान उन्हें मंदिर जैसा दिखाई पड़ा।

बाबा ने उनसे आग्रह किया कि वे अपने-अपने धर्मों के हिसाब से प्रार्थना करते रहें। इस बार हिंदुओं को वहां मस्जिद और मुसलमानों को वहां एक मंदिर दिखाई दिया। लोग यह चमत्कार देखकर दंग रह गए।

साईंबाबा ने ही उन्हें सिखाया कि ईश्वर की नज़र में मंदिर और मस्जिद में कोई भेद नहीं है। उन्होंने कहा-'सबका मालिक एक' (सभी एक ही ईश्वर की संतान हैं।)

साई बाबा की शिक्षाओं में हमें सभी धर्मों व विश्वासों के प्रति आदर का भाव मिलता है।

वे स्थानीय पुरुष और महिलाओं के रोगों की चिकित्सा भी करते थे।

उन्होंने अपने योगबल से मस्जिद में एक धूनी जला रखी थी। वह धूनी 1858 से लगातार जलती आ रही है। वे इसे धूनी माई यानी पवित्र अग्नि के नाम से पुकारते थे।

वे धूनी की भस्म या भभूत से लोगों के रोग दूर कर देते। बाबा अपनी मस्जिद को द्वारिकामाई कहते थे। जिसका अर्थ था कि उस स्थान के द्वार सभी के लिए खुले थे, फिर चाहे वह किसी भी स्थान, जाति या धर्म से संबंध क्यों न रखता हो।

बायजा बाई के बेटे का नाम तात्या था। वह और म्हाल्सापति रात को अकसर बाबा के साथ द्वारिकामाई में ठहरते। जब तात्या बच्चा था तो वह बाबा के साथ अनेक खेल खेलता था।

तात्या उन्हें बाबा भैया कहता था। बाबा ने कहा कि बायजा बाई से उनका नाता पिछले नौ जन्मों का था। पिछले जन्म में वह उनकी बहन थी।

बाबा मस्जिद के पास बने पांच घरों से ही भिक्षा लेते थे। लोग बाबा को अपने घर से भिक्षा देकर स्वयं को धन्य मानते थे। बाबा ने कभी अपने आराम या सुख-सुविधा की परवाह नहीं की। वे हमेशा एक फ़क़ीर की तरह ही जीए।

वे जो भी भिक्षा लाते, उसे मस्जिद में रखे एक पात्र में डाल देते, फिर उसमें से ज़रा-सा हिस्सा खा लेते। मस्जिद में आने वाले उसे आपस में बांट कर ले लेते। यहां तक कि पक्षी व जानवर भी उसमें से ही हिस्सा पाते थे।

लक्ष्मी बाई द्वारिकामाई के पास ही बने घर की एक नन्ही-सी बच्ची थी। एक बार उसके पिता बीमार हो गए। गांव के वैद्य ने उसका इलाज करने से इंकार कर दिया क्योंकि वह नीची जाति से था।

लक्ष्मी ने बाबा से मदद की विनती की। बाबा उसके पिता को देखने गए, और उन्होंने आर्शीर्वाद दिया। जल्द ही लक्ष्मी के पिता स्वस्थ हो गए। तब से लक्ष्मी का पूरा परिवार बाबा का भक्त हो गया।

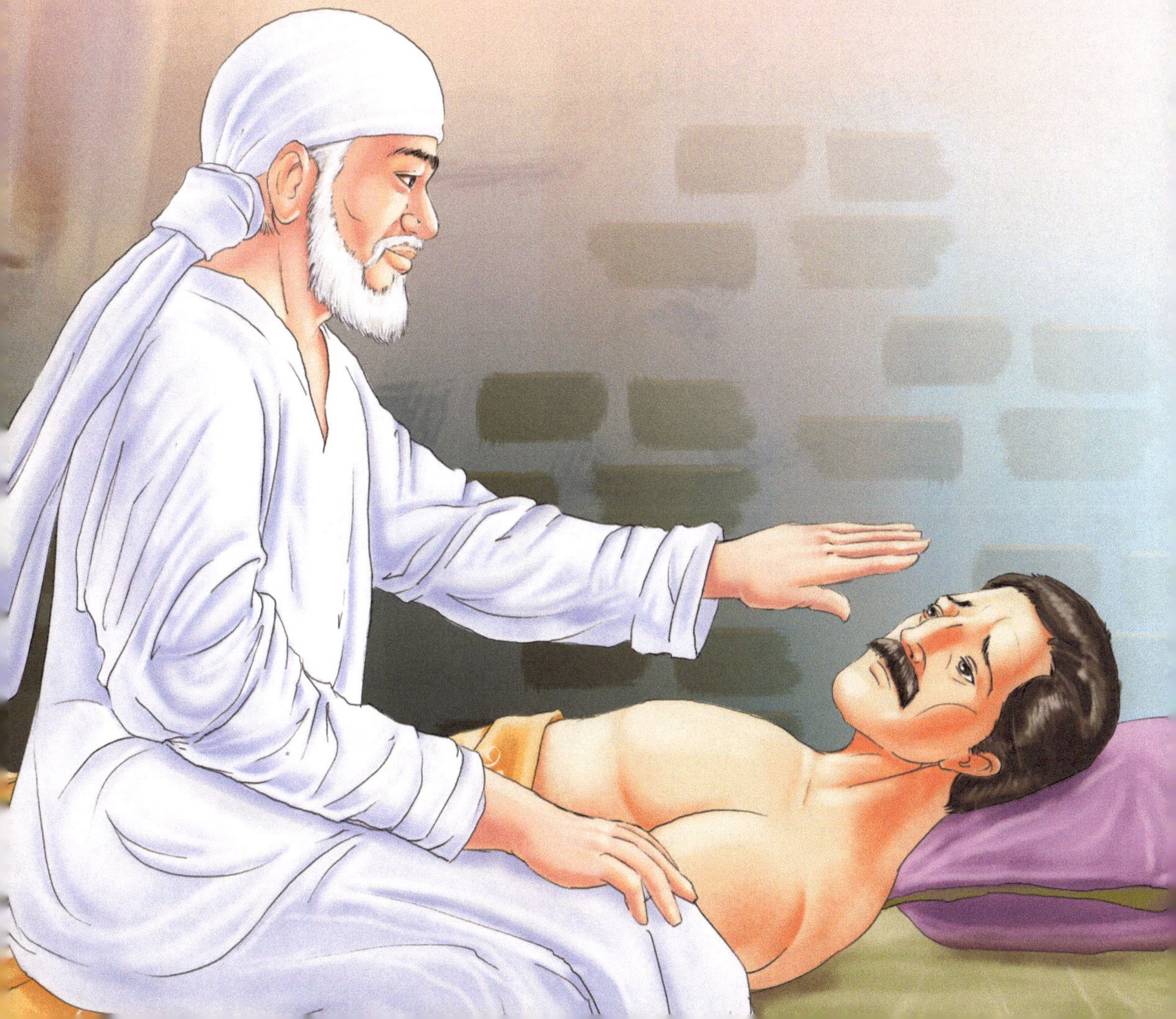

एक दिन लक्ष्मी की मां ने बाबा के लिए खीर पकाई। वह उसे बाबा के पास ले कर गई। वह बर्तन में बिना देखे बोले-"तुमने इसे बहुत स्वादिष्ट बनाया है। इसमें बहुत सारे मेवे डाले हैं।" उसने कहा-" बाबा! मैंने तो इसे आपको अभी खिलाया तक नहीं। आप इस बारे में कैसे जानते हैं?"

बाबा मुस्कुराकर बोले-"तुमने इसका एक हिस्सा बैल को दिया था न?" वह बोली-"हां, मैंने दिया था।" बाबा बोले-"वह मैं ही तो था।" सभी बाबा को हैरानी से देखने लगे। इस घटना से बाबा ने संदेश दिया-'प्रत्येक प्राणी में एक ही ईश्वर का वास होता है इसलिए हमें सभी प्राणियों व जीवों की देखरेख व सेवा करनी चाहिए।'

साईं बाबा को द्वारिकामाई में दीपक जलाना बहुत भाता था। शिरडी के दुकानदार दीपक जलाने के लिए तेल देते थे एक बार कुछ दुकानदारों ने मिलकर इसका विरोध किया और बाबा को दान में तेल देने से मना कर दिया। उस दिन दीपावली की रात थी।

जो बच्चे बाबा के साथ दीपावली मनाने आए वे यह देखकर उदास हो गए। उन्हें खुश करने के लिए बाबा ने भगवान का नाम लिया और सभी दीपकों में पानी भर दिया। दीपक जल उठे। यह साईं बाबा का एक दिव्य चमत्कार था।

एक बार शिरडी में भयंकर आंधी-तूफान आया। लोगों की झोपड़ियां और छप्पर ढहने लगे। लोग द्वारिकामाई में आकर एकत्र हो गए और बाबा से मदद के लिए प्रार्थना की। बाबा बाहर आकर जोर से चिल्लाए और आंधी को रुकने का आदेश दिया, जल्द ही तूफानी हवा शांत हो गई। लोगों ने राहत की सांस ली।

ठीक इसी तरह, एक दिन बहुत से भक्त मस्जिद में बैठे थे। धूनीमाई की लपटें तेजी से उठने लगीं और देखते ही देखते छत को छूने लगीं। सभी घबरा गए। भक्तों के डर को देखकर बाबा ने धूनी को नीचा होने का आदेश दिया। बाबा का हुक्म पाते ही लपटें नीचे आ गईं।

यह शिरडी का रिवाज़ बन गया था कि जो भी गांव से बाहर जाता, वह बाबा से पूछ कर ही जाता। एक दिन तात्या कापरगांव जाना चाहता था। जिसके लिए वह बाबा से पूछने आया।

बाबा के मना करने पर भी वह आवश्यक कार्य से वहां चला गया, दो-तीन किलोमीटर जाने के बाद ही उसकी घोड़ागाड़ी दुर्घटनाग्रस्त हो गई। घोड़े ने वहीं दम तोड़ दिया। वह भी घायल हुआ पर उसने बाबा को अपनी जान बचाने के लिए धन्यवाद दिया।

सन् 1886 की बात है, सर्दियों का मौसम था। बाबा ने अपने भक्त म्हाल्सापति से कहा-"मैं अपने दिव्य धाम में जा रहा हूं। 72 घंटों तक मेरे शरीर की रक्षा करना। अगर इस दौरान मैं वापिस न आया तो मेरे शरीर का अंतिम संस्कार कर देना।"

इसके बाद वह समाधि में लीन हो गए। उनकी मृत्यु का समाचार चारों ओर फैल गया। भक्तों को पूरा विश्वास था कि बाबा लौट आएंगे। भक्तों की आशा के अनुसार बाबा 72 घंटों से पहले ही अपने शरीर में वापस लौट आए।

बाबा शिरडी में करीब साठ साल तक रहे। तब तक वे लोगों की मदद करने के लिए अनेक दिव्य करिश्मे करते रहे। उनके जीवनकाल में ही शिरडी एक धार्मिक स्थल बन गया था। भागोजी शिंदे कोढ़ रोग के शिकार थे पर बाबा ने उन्हें अपना प्रधान सेवक बना लिया।

एक रात बाबा शामा और म्हाल्सापति के साथ आग में हाथ सेंक रहे थे। अचानक ही बाबा ने अपना हाथ जलती आग में झोंक दिया। भक्तों ने उनका हाथ जबरन आग से निकाला।

जब उन्होंने बाबा से ऐसा करने का कारण पूछा तो वे बोले-"मेरा एक भक्त लुहार है। उसने अपनी पत्नी को पुकारा और जब पत्नी पति के पास जाने के लिए उठी तो उसका बच्चा गोद से निकल कर आग में गिर गया। उसे बचाने के लिए ही मुझे अपना हाथ आग में डालना पड़ा।" इस तरह बाबा सुदूर स्थान पर बैठे भक्तों की भी मदद किया करते थे।

एक बार शिरडी और उसके आसपास के इलाकों में हैजा फैल गया। बाबा ने शिरडी के आसपास आटे से रेखा खींच दी। इस तरह शिरडी इस महामारी से बच गया। बाबा के इस चमत्कार से दंग होकर उनके एक भक्त हेमाड़पंत ने तय किया कि वे बाबा की जीवनी लिखेंगे–जिसका नाम होगा 'साई सच्चरित्र'।

बाबा के एक भक्त नाना साहेब चांदोरकर की बेटी प्रसव वेदना से व्याकुल थी। उन्होंने उसकी मदद के लिए रामगीर बापू को भभूत देकर जामनेर भेजा।

रामगीर बापू के पास जलगांव से आगे की यात्रा के लिए पैसे नहीं थे। बाबा ने एक तांगे वाले का रूप धरा और रामगीर को वहां तक पहुंचाने में मदद की। जब रामगीर वहां पहुंच गया तो तांगे वाला जाने कहां गायब हो गया।

घोड़ों के एक व्यापारी कासिम ने बाबा को एक श्यामसुंदर नामक घोड़ा भेंट में दिया था। बाबा ने कभी उसकी सवारी नहीं की पर वे उसकी सेवा करते थे। एक दिन घोड़े का रखवाला घोड़े को बेरहमी से पीटने लगा। बाबा ने भक्तों को झटपट भेजा ताकि वे मासूम घोड़े को पिटने से बचा सकें। लोगों ने देखा कि बाबा की पीठ पर घोड़े की मार के निशान उभर आए थे। दरअसल बाबा ने घोड़े की सारी चोट और पीड़ा अपने शरीर पर ले ली थी।

15 अक्टूबर, 1918 को बाबा महासमाधि में लीन हो गए। उनके पार्थिव शरीर को समाधि मंदिर में दफनाया गया, जहां प्रतिदिन हजारों की संख्या में भक्तगण उनका आशीर्वाद लेने जाते हैं। भक्तों का मानना है कि बाबा देहधारी न होने पर भी उनके बीच जीवित हैं।

यह सुनकर दरबार में खड़े सभी लोग हंसने लगे। यह देखकर हनुमान को रोष आ गया और उन्होंने अपने हाथों से वहीं अपना सीना चीर कर दिखा दिया। उसमें प्रभु राम और सीता की छवि अंकित थी।

भगवान राम की आंखों में आंसू आ गए और उन्होंने हनुमान को गले से लगा लिया। हनुमान सदा अयोध्या में ही रहे और आजीवन अपने प्रभु राम की सेवा करते रहे।

"हनुमान! तुम यह क्या कर रहे हो?" सीता ने कहा।

"माता! मैं देखना चाहता था कि क्या इन रत्नों में प्रभु राम की छवि दिखती है पर इनमें तो कुछ भी नहीं है। ये मेरे किसी काम के नहीं हैं।" हनुमान ने उत्तर दिया।

निश्चल भक्ति

भगवान राम अपने सभी सहायकों को धन्यवाद देना चाहते थे। उन्होंने सबको धन्यवाद देते हुए अनमोल उपहार भेंट में दिए।

"हनुमान! तुम तो विशेष उपहार पाने के योग्य हो।" यह कहते हुए सीता माता ने अपना अनमोल हार उन्हें थमा दिया। हनुमान ने उस हार को बड़े ही आश्चर्य से देखा।

फिर वे अचानक उसके मनके निकाल-निकाल कर तोड़ने लगे।

जल्द ही भगवान राम, लक्ष्मण, हनुमान, सुग्रीव और विशाल वानरसेना ने रावण को हरा दिया। भगवान राम ने दुष्ट रावण का अंत कर दिया। हनुमान और भगवान राम की सेना ने सीता की रक्षा की। तब तक प्रभु का वनवास काल भी समाप्त होने को था। वे अयोध्या लौट आए और उन्हें वहां का राजा बनाया गया। हनुमान प्रभु राम के सच्चे सेवक बनकर सदैव उनके साथ ही रहने लगे।

हनुमान एक भी पल गंवाए बिना हिमालय की ओर चल दिए। वहां जब वह जड़ी-बूटी को पहचान नहीं पाए तो उन्होंने पूरा पर्वत ही हथेली पर उठा लिया और सोचा-वैद्य जी स्वयं ही बूटी निकाल लेंगे। जल्दी ही वह राम के पास पहुंच गए और सुषेण की चिकित्सा से लक्ष्मण को होश आ गया।

हनुमान और संजीवनी बूटी

मेघनाथ की शक्तिशाली पाश से लक्ष्मण मूर्छित हो गए। वह रावण के भाई तथा प्रभु राम के हितैषी विभीषण के कहने पर लंका के वैद्य सुषेण को साथ ले आए। सुषेण अपने महल में सो रहे थे। हनुमान उन्हें वहां से उठाकर मैदान में ही ले आए। सुषेण ने कहा कि लक्ष्मण की प्राण रक्षा के लिए हिमालय से संजीवनी बूटी लानी होगी।

जब युद्ध आरंभ हुआ तो राम की सेना भारी पड़ने लगी। मेघनाद ने प्रभु राम पर अपना वह शक्तिशाली पाश चला दिया। लक्ष्मण राम को बचाने के लिए आगे आए और घायल हो गए। वह वहीं बेसुध होकर गिर गए।

लंका का युद्ध

लंका में घमासान युद्ध आरंभ हो गया। रावण और राम दोनों की ही सेनाएं बहुत बलशाली थीं। वे भयंकर अस्त्र-शस्त्रों के साथ लड़ने लगे। रावण राम के बल को देख चिंतित हुआ और उनका मनोबल तोड़ने की साजिश रचने लगा। उसने मेघनाद को ब्रह्मपाश के साथ मैदान में भेज दिया।

राम सेतु का निर्माण

हनुमान वहां पहुंचे, जहां राम वानरसेना सहित उनका इंतज़ार कर रहे थे। उन्होंने प्रभु राम को सारी घटना सुना दी। उन्होंने तय किया कि वे लंका तक जाने के लिए एक पुल बनाएंगे। जल्द ही नल और नील के मार्गदर्शन में एक पुल बनकर तैयार हो गया। भगवान राम और उनकी सेना पुल पार लंका जा पहुंचे।

श्री राम
श्री राम

हनुमान रावण को देखकर हंसे। रावण को और भी क्रोध आ गया। उसने हनुमान की पूंछ में आग लगवा दी। हनुमान ने अपना आकार छोटा करके खुद को बंधनमुक्त कर दिया। वह इधर से उधर छलांग लगाने लगे और इस तरह पूरी लंका नगरी में आग लग गई। उन्होंने लंका को आग की लपटों के हवाले करने के बाद लौटने का निर्णय लिया और फिर से प्रभु राम के पास उड़ चले।

लंका दहन

मेघनाद हनुमान को रावण के दरबार में ले आया। एक बंदर को देखते ही रावण का पारा सातवें आसमान तक जा पहुंचा। "तुमने मेरी नगरी में घुसने का साहस कैसे किया? क्या तुम मुझे नहीं जानते?"

मेघनाद से सामना

हनुमान को भूख लगी थी और वह कुछ खाना चाहते थे। सीता ने उन्हें अशोक वाटिका से फल तोड़कर खाने की अनुमति दे दी। हनुमान पेड़ों से फल तोड़ने के लिए यहां-वहां छलांगें लगाने लगे। लंका में एक बंदर के उत्पात मचाने की खबर रावण को भी मिल गई। उसने झट से अपने बड़े बेटे मेघनाद को हनुमान को पकड़ने के लिए भेजा। पहले तो मेघनाद को भी हनुमान को काबू करने में कठिनाई हुई पर उसने अपने ब्रह्मपाश में किसी तरह हनुमान को बांध ही लिया। हनुमान चाह कर भी उस अस्त्र का अपमान नहीं कर सके।

"माता! मैं श्रीराम का दूत हनुमान हूं।" हनुमान ने सीता से कहा। सीता ने सोचा कि रावण ने ही छल से किसी बंदर को भेजा है इसलिए उन्होंने हनुमान की बात पर विश्वास नहीं किया।

"माता! श्री राम ने आपके लिए यह अंगूठी भेजी है।" हनुमान ने कहा।

सीता अपने प्रभु की अंगूठी और समाचार पाकर प्रसन्न हो उठीं। उन्होंने हनुमान को आशीर्वाद दिया।

हनुमान की सीता से भेंट

सुरसा से भेंट के बाद हनुमान ने अपनी गति और भी बढ़ा दी। अंत में वह लंका के द्वार पर पहुंचे। उन्होंने काफी खोजबीन के बाद पता लगा ही लिया कि रावण ने सीता माता को अशोक वाटिका में कैद कर रखा था।

हनुमान ने वाटिका में एक सुंदर स्त्री को रोते हुए प्रभु राम का नाम जपते देखा तो वह जान गए कि वह माता सीता ही हैं।

सुरसा आगबबूला हो उठी। उसने हनुमान को निगलने के लिए अपना मुंह खोल दिया। हनुमान ने अपना शरीर और भी विशाल कर लिया। सुरसा ने अपना मुंह और भी बड़ा खोल लिया। हनुमान ने भी अपना आकार बढ़ा लिया। अंत में जब सुरसा ने बहुत ही बड़ा मुंह खोला तो हनुमान को एक तरकीब सूझी गई। वे एक मक्खी जितने छोटे आकार के बन गए और एकदम से सुरसा के मुंह में जाकर बाहर आ गए।

"माता! मैंने आपके मुख में प्रवेश करके आपकी इच्छा पूरी कर दी है। अब कृपया मुझे जाने दें।" हनुमान ने हाथ जोड़ कर कहा।

सुरसा हनुमान की चतुराई और विनय से प्रसन्न हुई और कार्य में सफल होने का वरदान देते हुए जाने का रास्ता दे दिया।

हनुमान और सुरसा का युद्ध

हनुमान बड़ी तेजी से सागर के ऊपर से उड़ते हुए लंका की ओर जा रहे थे। भगवान इंद्र ने उनकी परीक्षा लेने की ठानी। उन्होंने सर्प राक्षसी सुरसा को भेजा और हनुमान को युद्ध के लिए चुनौती दी। विशालकाय सुरसा अचानक ही हनुमान के आगे आ गई।

“मैं भूखी हूं। आज तुम ही मेरा भोजन बनोगे।” सुरसा जोर से गरजी।

“माता! मैं एक आवश्यक कार्य से जा रहा हूं। मुझे सीता माता का पता लगाना है। भगवान राम ने मुझे इस काम के लिए चुना है। मैं अपना काम पूरा करने के बाद निश्चित रूप से आपका भोजन बनने के लिए आ जाऊंगा।” हनुमान ने सुरसा से विनती की।

"प्रभु आप आज्ञा दें। मैं इस सागर के ऊपर से उड़ कर पार चला जाऊंगा।" हनुमान ने राम से कहा।

भगवान राम ने निशानी के तौर पर अपनी अंगूठी हनुमान को दी और कहा कि सीता से मिलते ही उसे दिखा दें।

राम सेवक हनुमान

हनुमान अब प्रभु राम की सेवा में स्वयं को अर्पित कर चुके थे। वे सुग्रीव की सेना सहित माता सीता की खोज के लिए लंका की ओर चल दिए। अंत में वे एक द्वीप पर पहुंचे। उन्हें लंका जाने से पहले एक विशाल सागर लांघना था।

"ओह! हम यह समुद्र कैसे पार कर सकेंगे?" सुग्रीव ने कहा।

प्रभु राम ने हामी भर दी। उन्होंने सुग्रीव से कहा कि वह बालि को चुनौती दे। सुग्रीव ने चुनौती दी और उनके बीच युद्ध होने लगा। भगवान राम के एक ही तीर ने सुग्रीव के भाई के प्राण ले लिए। सुग्रीव को अपना राज्य वापिस मिल गया।

"चलो सीता माता की खोज आरंभ करें।" हनुमान ने कहा।

"प्रभु! मैं आपकी मदद करता पर अपनी सेना के बिना कुछ नहीं कर सकता। आप मुझे मेरा राज्य दिलवा दें। मैं रावण के विरुद्ध युद्ध में आपका साथ दूंगा।" सुग्रीव ने वचन दिया।

सुग्रीव ने अपना राज्य पाया

सुग्रीव भी सब समझने के बाद अपने छिपने के स्थान से बाहर आ गया। उसने बताया कि किस तरह वह भाई के धोखे के कारण अपने ही राज्य से बाहर मारा-मारा घूम रहा था। सुग्रीव को यह भी पता चला कि राक्षसराज रावण ने राम की पत्नी सीता का हरण कर लिया।

लक्ष्मण को तो यह सुनकर गुस्सा आ गया पर हनुमान ने प्रभु राम को अपनी बातों व बुद्धिमता से प्रभावित करना चाहा। राम भी जान गए कि वे किसी सामान्य ब्राह्मण से बात नहीं कर रहे इसलिए उन्होंने अपना वास्तविक परिचय दे दिया।

हनुमान भगवान राम से मिलकर गदगद् हो गए और उनके चरणों में गिर गए। "ओह प्रभु! मैं आपको पहचान क्यों नहीं पाया?"

राम ने हनुमान को उठाकर गले से लगा लिया।

"क्या मैं जान सकता हूं कि आप जैसे भले लोग यहां घने वन में क्या कर रहे हैं।" हनुमान ने पूछा।

हनुमान व राम की भेंट

एक दिन वन में भटकते हुए सुग्रीव और हनुमान ने दो अजनबियों को देखा। उन्होंने साधुओं जैसे वस्त्र पहने थे। सुग्रीव घने जंगल में उन्हें देख कर चकित रह गया। वे भगवान राम और उनके भाई लक्ष्मण ही थे जो सीता की तलाश कर रहे थे। वे अपने पिता दशरथ के दिए वचन का मान रखने के लिए चौदह वर्ष का वनवास भोग रहे थे।

“ओह! लगता है कि बालि ने हमारे पीछे जासूस भेजे हैं।” सुग्रीव ने कहा।

“चिंता न करें। मैं पता लगाकर आता हूं। आप यहीं छिपे रहें।” हनुमान ने कहा।

हनुमान ब्राह्मण के भेष में वहां पहुंच गए।

"जैसा आप कहें प्रभु!" हनुमान ने कहा और सुग्रीव की राजधानी किष्किंधा के लिए रवाना हो गए।

दुर्भाग्य से सुग्रीव के भाई बालि ने छल से उसका राज्य छीन लिया। सुग्रीव को छिपने की जगह खोजनी पड़ी और हनुमान ने एक वफादार सेवक की तरह पूरा साथ दिया।

"मैं हमेशा आपका साथ दूंगा।" हनुमान ने सुग्रीव को दिलासा दिया।

हनुमान बने सुग्रीव के मंत्री

हनुमान ने अपनी शिक्षा पूरी कर ली। "प्रभु! मैं आपको धन्यवाद करता हूं कि आपने मुझे पवित्र ग्रंथों का ज्ञान प्रदान किया। मैं आपको गुरुदक्षिणा के रूप में क्या दे सकता हूं?" हनुमान ने अपने गुरु सूर्यदेव से पूछा।

"मैं अपने लिए कुछ नहीं चाहता। मुझसे वादा करो कि तुम मेरे द्वारा रचे गए सुग्रीव को मंत्री के रूप में अपनी सेवाएं प्रदान करोगे।" सूर्य देव ने कहा।

सूर्य देव बने गुरु

जैसे-जैसे समय बीतता गया। केसरी को अपने पुत्र की शिक्षा के बारे में चिंता सताने लगी। उन्होंने तय किया कि वे उसे सूर्यदेव के पास भेजेंगे।

हनुमान ने पिता की आज्ञा का पालन किया और झट से सूर्यदेव के पास जा पहुंचे।

"माफ करना बच्चे! मैं प्रतिदिन पूरे आकाश को पार कर तुम्हें शिक्षा देने नहीं आ सकता। मुझे तो लगातार अपना कर्तव्य पूरा करना होता है।" सूर्य ने हनुमान से कहा।

हनुमान भी पिता की इच्छा पूरी करने के लिए संकल्प ले चुके थे। उन्होंने खुद को और भी बड़ा बना लिया। "प्रभु! मैं आपके पास आऊंगा। आप मुझे इस कक्षा से ही देख पाएंगे। इस तरह आपके काम में भी बाधा नहीं आएगी।" हनुमान ने कहा।

सूर्यदेव हनुमान के समर्पण भाव से प्रसन्न हुए और उसने अपना शिष्य स्वीकार लिया।

"आज के बाद तुम अपनी शक्तियों का दुरुपयोग नहीं कर सकोगे। इसे अपने-आप को ऊंचा उठाने, प्रार्थना करने और दूसरों का कल्याण करने के ही काम में ला सकोगे।" मुनियों ने शाप दिया।

हनुमान के लिए यह शाप भी वरदान ही साबित हुआ क्योंकि इसने उनका पूरा व्यक्तित्व ही बदल दिया। वे बहुत ही शांत, रचनात्मक और शक्तिशाली बन गए।

मुनि के गुस्से की सीमा न रही। "ओह! तुम फिर से आ गए। तुम कितने समय से हमें इसी तरह परेशान करते आ रहे हो।" मुनि चिल्लाए।

"यह तो रोज का ही तमाशा होता जा रहा है। समय आ गया है कि हम इस दुष्ट बंदर को सबक सिखाएं।" दूसरे मुनि ने कहा।

नन्हे हनुमान को आश्रमों में जाकर ऋषियों और मुनियों को तंग करने में विशेष आनंद आता था। एक दिन वह एक आश्रम में घूम रहे थे। उन्होंने एक मुनि को ध्यान में मग्न देखा। फिर उन्होंने देखा कि आसपास के मुनि भी तपस्या में लीन थे। वहां खेलने के लिए कोई भी नहीं था।

हनुमान को ऊब होने लगी। वे एक मुनि की गोद में उछल कर बैठ गए और उनकी दाढ़ी नोचने लगे। मुनि अचानक आई इस मुसीबत से घबरा गए और हनुमान उनकी बौखलाहट देख खिलखिलाने लगे।

मुनियों का शाप

नन्हा हनुमान बड़ा होने लगा। वह दिन-ब-दिन नटखट होता जा रहा था। वैसे देखा जाए तो कुछ भी उसके बस में नहीं था- भगवान शिव का अवतार, असाधारण शक्तियों का वरदान और एक बंदर के गुण व लक्षण....। हनुमान बहुत ही दुष्ट और शरारती हो गए थे। वे अकसर लोगों के लिए मुश्किलें खड़ी कर देते और उन्हें सताते।

"प्रिय वायु! कृपया धरती पर लौट जाओ। लोग दम घुटने के कारण मर रहे हैं।" ब्रह्मा जी ने वायुदेव से विनती की।

"मेरा पुत्र घायल है। इसके लिए आप क्या करेंगे?" वायुदेव ने पूछा।

ब्रह्मा जी ने स्वर्ग के देवों से विनती की कि वे नन्हे हनुमान को वर दें। उन्होंने हनुमान को वर दिया कि उन्हें कभी कोई हरा नहीं सकेगा और वे अमर हो जाएंगे। बालक हनुमान उसी समय स्वस्थ हो गया। अंत में वायुदेव धरती पर लौटे और लोगों का जीवन सामान्य हुआ।

अमरता और विजय का आशीर्वाद

नन्हा हनुमान पाताल लोक में सुरक्षित था। हालांकि धरती पर वायु के बिना सभी जीव व्याकुल हो गए। पेड़-पौधे, जानवर और मनुष्य मरने लगे। ब्रह्मा जी ने ब्रह्माण्ड की रक्षा करने का निर्णय लिया।

वायुदेव द्वारा हनुमान की रक्षा

नन्हा हनुमान वज्र की चोट से घायल हो गया। वह नीचे गिरने लगा तो वायुदेव ने उसे देख लिया। वह यह नहीं सह सकते थे कि उनका बालक धरती पर जा गिरे (वे हनुमान के धर्मपिता थे)। उन्होंने हनुमान को बचाने के लिए धरती को ऊंचा उठा दिया।

वह उसे पाताल लोक में ले गए और बोले, "मेरे पुत्र! तुम यहां पूरी तरह से सुरक्षित हो।"

भगवान इंद्र ने हनुमान को तेजी से सूरज की ओर आते देखा। वह क्रोधित हो गए-“मूर्ख बालक! तूने सूर्य पर आक्रमण करने का साहस कैसे किया?” वह गरजे।

नन्हे हनुमान को इंद्र के गुस्से या बल के बारे में कुछ नहीं पता था। उसने चेतावनी को अनसुना किया और अपनी गति से आगे बढ़ता रहा। अब तो इंद्र देवता के गुस्से की सीमा न रही। उन्होंने झट से अपना वज्र उठाया और हनुमान पर प्रहार किया।

बाल हनुमान

नन्हा हनुमान बहुत ही नटखट बालक था। एक दिन उसे भूख लगी पर खाने को कुछ नहीं मिल सका। अचानक ही उसे सूरज दिखाई दिया। वह एक लाल गोले की तरह चमक रहा था।

"ओह, पका हुआ लाल फल! इसे तो मुझे अवश्य खाना चाहिए।" हनुमान ने सोचा। नन्हा हनुमान असाधारण शक्तियों के साथ जन्मा था। वह सूरज की ओर उड़ा व उसे अपने हाथों में लेने की कोशिश की।

पवनपुत्र हनुमान

AF659809

नन्हे हनुमान का जन्म

बहुत समय पहले, अंजना नामक एक मादा बंदर थी। वास्तव में वह स्वर्गलोक की एक सुंदर अप्सरा थी। उसका असली नाम पुंजिकास्थल था। उसे एक शाप के कारण बंदरिया के रूप में जन्म लेना पड़ा। यह शाप तभी समाप्त हो सकता था जब अंजना, भगवान शिव के अवतार को जन्म दे देती।

अंजना और उसके पति ने भगवान शिव की घोर आराधना की। उनके तप से प्रसन्न होकर भगवान शिव ने उन्हें वर दिया। जल्द ही अंजना ने भगवान शिव के अवतार के रूप में हनुमान को जन्म दिया।

Queen Trishala saw a silver urn full of clear, holy water in her ninth dream. The urn was a sacred one, blessed by the gods. This meant that her son would be pious and pure, and would possess all the virtues.

In the her tenth dream the queen saw a beautiful lake. Many lotuses were abloom and floating on the

crystal clear water of the lake. Lilys too were afloat on the lake and the air was filled with a sweet fragrance. This dream indicated that her son would free human souls from the cycle of life and death.

A milky white sea was Queen Trishala's eleventh dream. The sea was huge and restless, its waves rising high with great energy. This dream symbolised that her son would sail through the restless currents of life to rise above the trapping cycles of misery and death, and would attain *Moksha* (or liberation), the freedom of the soul.

In her twelfth dream, Queen Trishala saw a celestial airplane, which is said to be the vehicle of the gods. The airplane resonated with blissful celestial music. This dream showed her that her son would be respected and loved by the gods and the gods would also follow his teachings.

Marvellous gems of all kinds were seen by the queen in her thirteenth dream. This dream showed the queen that her son would have infinite wisdom and would shine like gems because of his excellence.

Next, Queen Trishala saw a smokeless fire with huge flames. It was a sacred fire. This dream was an indication to the queen that her son's wisdom would be the greatest and his knowledge would surpass the knowledge of all the great scholars.

The queen was surprised at these dreams and narrated them to the king. He decided to consult the great scholars of his kingdom and invited them to his palace.

When the scholars heard about the dreams, they were delighted. "O great King", they said. "These dreams are auspicious! They are a sign that a great soul will come on Earth to bless the kingdom and all of humanity. These dreams symbolise that a great son will be born to the queen."

It was the thirteenth day of the rising moon of *Chaitra (one of the months of the Hindu calendar)*. Queen Trishala gave birth to a healthy baby boy. The prince was named Vardhaman, or the 'ever increasing.'

The whole kingdom was in a happy, festive mood. Everybody, rich or poor, young or old, was invited to the feast. Vardhaman's birthday is now celebrated as Lord Mahavir Jayanti around the world.

All the gods were delighted at Vardhaman's birth. Lord Indra descended on Earth to bless the baby. He took the baby to Mount Meru and bathed him in celestial milk.

Young Vardhaman

Vardhaman, being a prince, lived a luxurious life. But he was never interested in worldly pleasures and wanted to find a higher purpose in life through meditation and self-contemplation.

From a young age itself, Vardhaman was a virtuous soul. He was kind to the poor and the old.

Once, his friends were looking for him. When asked, his mother said he was upstairs and his father said he was downstairs.

Later, Vardhaman's friends asked him who was right. He said both were right–since he was on the fourth floor, which was downstairs for his father on the seventh floor, and upstairs for his mother on the first floor. Mahavir taught them how to think from different points of view.

Once, while Vardhaman was walking through the jungle, an injured bird fell in front of him. He was moved to see the dying bird and requested his friends to go and find its hunter. When the hunter came to Vardhaman, he explained to him how wrong he was

to have hurt a harmless animal for his amusement. Ashamed of his cruelty, the hunter gave up hunting. Even in the future, Vardhaman spread the message of compassion towards all living creatures.

Vardhaman was a dedicated student and enjoyed learning. One day, Lord Indra disguised as a Brahmin went to check if Vardhaman was learning his lessons well. He asked Vardhaman very difficult questions. Vardhaman answered all of them easily, which surprised Lord Indra and his teacher. His teacher exclaimed, "Vardhaman, you are a great scholar by birth!"

Once, Lord Indra was curious to see how courageous young Vardhaman was. He took the form of a little boy and started playing with Vardhaman and his friends. He took Vardhaman on his back and started running, changing into a monster as he ran.

Unafraid, Vardhaman punched the monster with all his might and the beast wailed with pain. Lord Indra then revealed his true form and said, "O Vardhaman, you have grown into a brave young lad. I bless you with the name of 'Mahavir'." From then onwards, people started calling Vardhaman by his new name 'Mahavir', which means 'The Very Brave One.'

Family Life

Vardhaman, a handsome, young prince, was married to a beautiful girl, Yashodhara. They had a baby daughter whom they named Priyadarshana.

They were happy together, but Vardhaman wanted to search for the higher purpose of life. For this, he had to live a life of deep thought and meditation, away from all worldly bonds.

A New Journey Begins

At the age of thirty, Lord Mahavir renounced his kingdom and left the palace. He left all his worldly possessions and relations. He went to the forests for meditation and spent twelve years there as an ascetic. He lived an austere life and never harmed anybody.

He overcame all his desires and cravings. He used to meditate continuously for days, without eating food or wearing clothes.

For twelve years, Lord Mahavir practised all the great qualities of humanity. He remained in deep silence and endured the tough hardships of living in nature with wild animals. Lord Mahavir attained deep knowledge and wisdom. This level of knowledge that Lord Mahavir achieved in just twelve years, was called the *Kaivalya Gyan.*

Spreading the Message

Lord Mahavir spread the knowledge that he had gained. He spread the message of non-violence, which is one of the main lessons of Jainism. He also taught people how to gain freedom from misery, greed, anger, pain, and the cycle of birth and death.

According to the Jain tradition, Lord Mahavir was the twenty fourth and the last *Tirthankara, (one who leads the way across the stream of rebirths*

to salvation) who achieved immense knowledge through meditation and asceticism.

Lord Mahavir had followers of all kinds– kings, paupers, merchants, etc. People admired and respected him. He preached peace, harmony, self-control, and non-violence to humanity. At one point in time, it is said, he had around four lakh followers.

Even King Bimbisara of Magadha respected Lord Mahavir and was his follower. Both became great friends. This was a friendship that lasted for life.

King Ajatasatru, King Kun Pandian, and King Mahendravarma (I) were also his followers. Many great scholars and sages too were among Lord Mahavir's devotees.

Lord Mahavir believed in simple living and high morals. He preached the same to his followers. He did not believe in grand celebrations, elaborate rituals, or any external form of praying.

He said that the external and elaborate worship of gods would not achieve salvation of the soul.

Lord Mahavir spread the message of love among human beings. He said everybody is equal, irrespective of their age, caste, or community. He encouraged the philosophy of universal love.

Lord Mahavir said that, "A living body is not just limbs, flesh, and blood, but it is home to the soul, which has perfect perception, perfect knowledge, perfect power, and perfect bliss." Mahavir's message reflects freedom and spiritual joy.

Penance of the Snake

Lord Mahavir was always insistent upon destroying evil and choosing the right path. One day, he was passing through a lush green forest and he saw two paths ahead of him. He was confused as to which path to take.

A passer-by saw his confusion and said, "O great Sage, both these paths go to the same destination. But one path is short and the other longer. On the shorter path, there is a snake which has poison in its eyes. Whoever looks at his eyes, dies. No one has ever returned alive from the shorter path."

Deciding to walk on the shorter path, he set off fearlessly. Soon, a poisonous snake hissed its way towards him. When Lord Mahavir looked at the snake, he did not die.

The angry snake hissed out poison with all its might. All the nearby birds, insects, animals and plants died in the poisonous air. But, Lord Mahavir stood unharmed.

The angry snake slithered furiously towards Lord Mahavir and bit his toe. But miraculously, the Sage remained unhurt. Instead of blood, celestial milk oozed out of his toe.

He then told the snake that he had been a great sage in his last birth. He had lost his life because of the ill-effects of anger and was now reborn as a snake to be hated by all. Penance would make him human again in the next birth.

Saying this, Lord Mahavir set ahead on his path towards the village. When the villagers saw him come out alive from the shorter path, they could not believe their eyes. They asked Lord Mahavir about the snake. Lord Mahavir told them that the snake had decided to do penance and would not harm anyone ever again.

Hearing this, the villagers were very delighted. They were all eager to see the snake. So they went into the forest, where they found the snake. As a mark of respect, the villagers bathed the snake in milk and *ghee* (clarified butter).

Eventually, the snake died. It was reborn as a great saint. His name was Indrabhuti Gautam. In his new birth, he became a great follower of Lord Mahavir and stayed near the Lord at all times.

Five Vows

Lord Mahavir taught five great vows to the people. These vows still guide the Jains and are central to their lives, determining their everyday existence.

The first vow is non-violence. Human beings should never harm any living creature. They should neither hurt nor kill any insect, plant, animal, or any other human being.

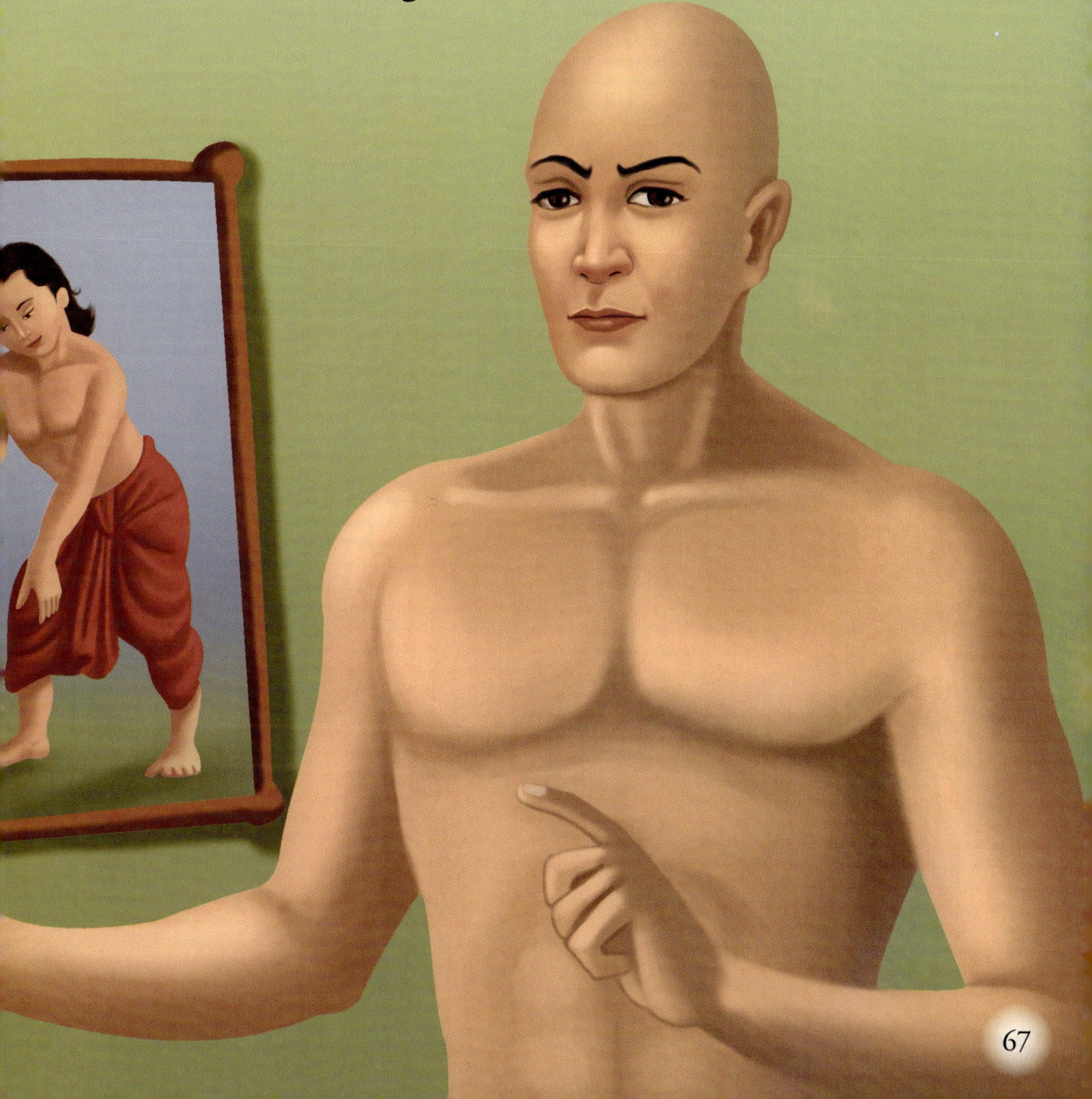

The second vow is of truthfulness. Honesty is very important to maintain peace and harmony in the world. Human beings should not be dishonest and should speak truth only.

The third vow is of non-stealing. Human beings should not be greedy and unfair with anybody. They should never steal anybody else's property.

The fourth vow is of chastity. Human beings should learn how to command their desires. They should not indulge in sensual pleasures because these pleasures are the source of all pain.

The fifth vow is of non-attachment. Humans should not be attached to any worldly matter. They should practice detachment from material pleasures and practice non-attachment.

If these five vows are followed by people, they will achieve great happiness and contentment. Higher knowledge can be attained by practicing these vows. It provides freedom from everyday bondages of desire, unhappiness, and dissatisfaction.

Lord Mahavir always gave sermons in Prakrit language, which was the common local language. To spread his teachings far and wide, he organized *sanghs* of his followers. Lord Mahavir had two kinds of followers—*Shwetambaras* (who wear white clothes) and *Digambaras* (who have sacrificed clothes).

When Lord Mahavir started getting older, his devotee, King Hastipal of Pawapuri, suggested to him, "O great saint, please rest in my kingdom this rainy season." Lord Mahavir accepted as he possessed knowledge of the future.

He told his devotees, “This year would be my last on this Earth.” Everyone was left speechless and shocked at this news.

There was a deadly silence all around. All his devotees wanted to have a last word with him. They wanted to touch his feet and pay respects to him.

Nirvana

Indrabhuti Gautam, a devotee of Lord Mahavir, was always with him. Lord Mahavir told Gautam, "O Gautam, you and I will attain liberation from this life together."

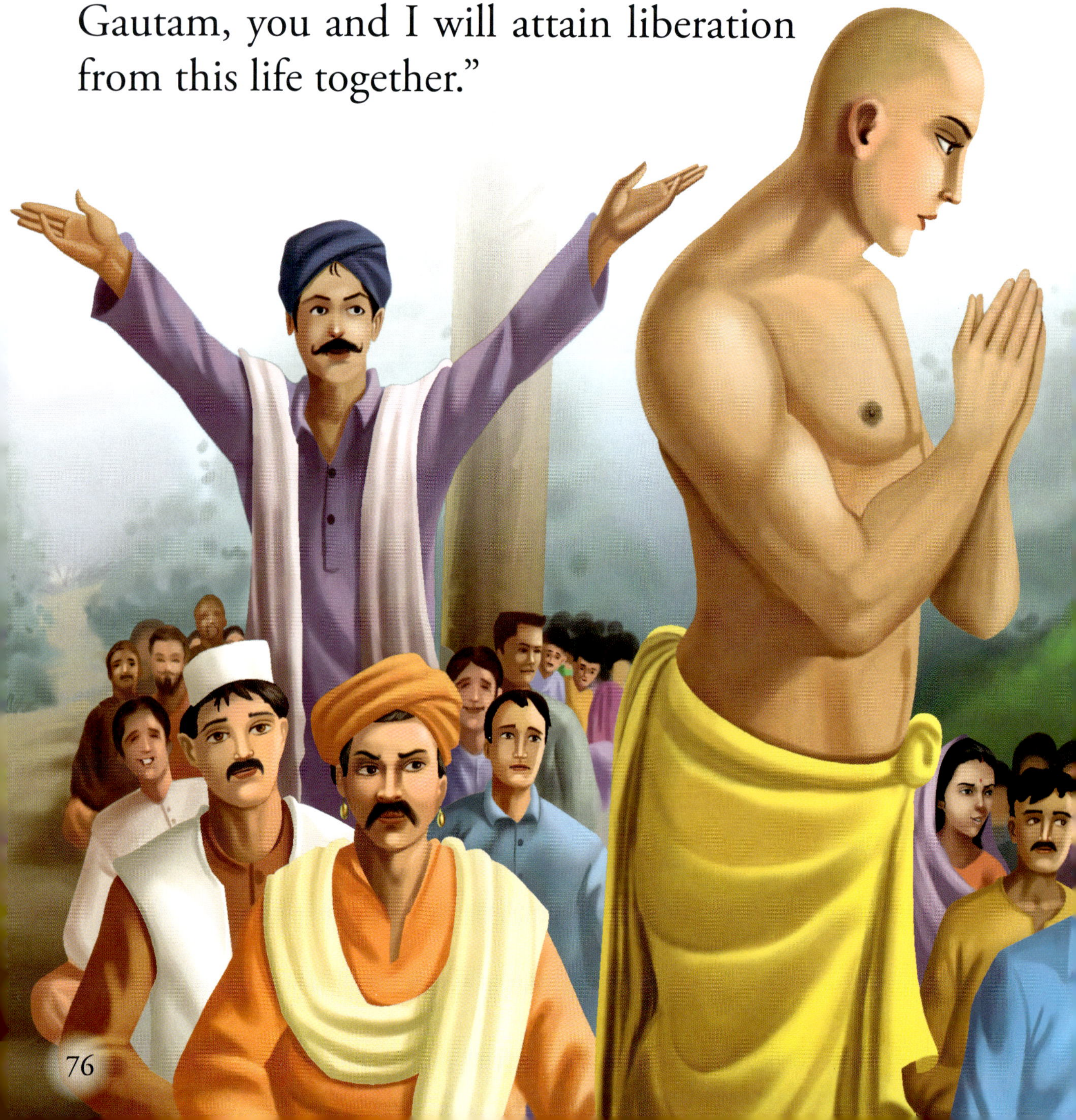

Lord Mahavir was lying on his bed and Gautam was sitting next to him. Suddenly, a bright flash of light appeared. It became so bright that everybody closed their eyes. The moonless night shone like a full moon one. Thus, Lord Mahavir attained *Nirvana*, which means liberation.

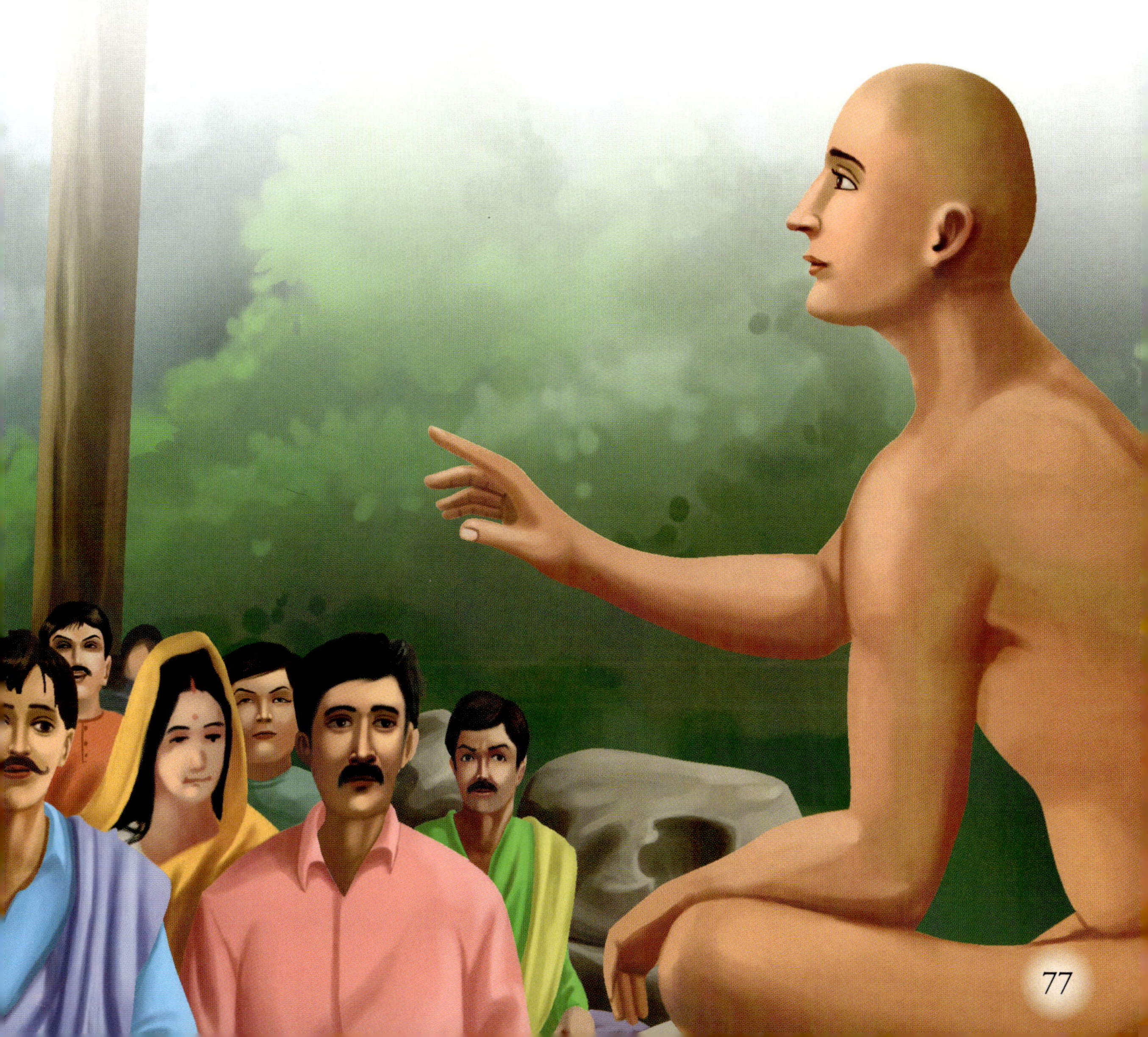

The heavens were happy, the gods celebrated and lighted lamps. They showered flowers at Lord Mahavir's feet.

Immediately after Lord Mahavir's Nirvana, Gautam too attained Nirvana. Both the great men lay together in perfect harmony of the soul. They were celestial images of human perfection.

To this day, the Jains hail Lord Mahavir as their God. He was responsible for spreading Jainism and it grew as an important religion of India.

Lord Mahavir's life and teachings have been recorded by many scholars. Most notable among them are *Kalpasutra* written by Acharya Bhadrabahu and *Vardhamancharitra,* the Sanskrit biography, by the great poet Asaga.

OTHER TITLES IN THIS SERIES